EDIBLE FLOWER

かんたんなお菓子を特別に

はじめての
エディブルフラワー

油井奈々　ゆいだいき

KADOKAWA

EDIBLE FLOWER

かんたんな
お菓子を特別に

はじめての
エディブルフラワー

油井奈々 ゆいだいき

KADOKAWA

REGULATOR

A

エディブルフラワーとは「食用花」
食べられるお花のこと。
ちょっとだけ特別な今日をつくる。
お花とお菓子、
魅力が溶け合う一皿を。

はじめまして。油井奈々と申します。

東京・池袋にある『花×酒』をコンセプトとしたHANABARをはじめ、花にまつわる店を、夫と共に作っています。

なぜ、花にまつわる店なのか。

実は、私は数年前まで美容師として働いていました。21歳で開業したこともあり、経験不足と言われまいと一生懸命だったことや、自分で切り盛りする楽しさから働きすぎてしまい、体調を崩してしまったことがありました。そんなときドライフラワーと出会い、1人黙々とブーケやリースを作り上げていくことがリフレッシュとなり、救われた私は花の魅力を、もっと沢山の人に知ってもらいたい、体験してほしいと思うようになりました。

そこで、夫が得意としている"食"と合わせたらどうか、暮らしに欠かせない衣食住の"食"と合わせたら、花への興味の入口を広げられるのではと思い、食べられる花・エディブルフラワーの農家さんを探すことに。こうしてHANABARが始まりました。

花には、その形状や色彩の美しさ、香りなど、一本でも十分な魅力があります。ですが実は、数種類合わせてブーケにしたり、インテリアデザインの一部として飾られたり、エディブルフラワーのように、なにかに"プラスして"使用されることが多いのです。

そんなとき、合わせる食材の色や形、食器のデザインなど、花が美しく見えるには、「相性」が重要になります。これは美容師時代も意識していた「似合わせ」と共通していました。

単体で、すでに美しい植物の魅力を生かすためには丁寧なコーディネートが不可欠。決して難しくはありませんが、ちょっとしたコツがあります。

この本では、色彩の相性や全体のコーディネートを重視し、花の魅力を最大限引き出すために普段、感覚的に行っている工夫もできるだけ言語化してポイントにまとめています。

花好きの方の中でも、家で普段からエディブルフラワーを使っている、という方はあまりいらっしゃらないかもしれません。ですが、取り入れ方によってはとても簡単に特別感を演出することができます。

市販のアイスにちょこんとのせたり、普段のメニューにちょっと足すところから。お菓子作りに慣れている方は、ご自身の得意なお菓子の新しいデコレーションのアイディアとしてもおすすめです。

飾りつけをしながら1人でにっこり、家族でワイワイ。写真にも記憶にも残しておきたい鮮やかな瞬間。

そんな「心躍る瞬間」に出会うお手伝いができますように。

はじめてエディブルフラワーを使う方へ

エディブルフラワーの
基礎知識

・エディブルフラワーには生の花と押し花の2種類があります。生の花は立体感、発色の良さ、瑞々しさが魅力。押し花は長期保存ができて便利です。代表的なものはビオラやバラなどですが、詳しい種類については88ページをご覧ください。

・飾りつけは、お菓子が熱いと花が熱で傷んでしまうため、冷めてから行ってください。

エディブルフラワーは
どこで買えますか？

アマゾンなどの通販サイトで買うのが簡単でおすすめです。一部のスーパーで扱っているところもあります。季節によって、手に入るお花の種類が変わるので、そのときの旬のものをお使いください。私たちがいつもお世話になっている花農家さんは、93ページでご紹介しています。

お花屋さんで売っている
観賞用の花は、食べられますか？

食べられません。エディブルフラワーは、農林水産省のガイドラインに基づいて栽培されたもののみを指します。花の種類が同じでも、絶対にエディブルフラワー以外の花は食べないようご注意ください。

・この本ではドライハーブも使用しています。ラベンダー、ローズペタル、マイカイカ、カレンデュラなど、食用のものをご用意ください（茶葉用も使用可能）。アマゾンなどの通販サイトで購入可能です。マイカイカをまるごと使う場合は、ガクの部分は硬いので、食べるときは外してください。

お菓子作り初心者の方へ

お菓子作りの材料について

エディブルフラワー以外の材料はスーパーで買えるような基本的なものを使用しています。製菓店や100円均一ショップものぞいてみてください。着色用に使うパウダーや焼き型なども、100円均一ショップでそろえることができます。

チョコレートの湯せんについて

50～55℃のお湯でじっくり湯せんしてください。水分や油分のついていない清潔なボウルを使い、均一になるようヘラなどで混ぜながら行ってください。ボウルは熱伝導の良いステンレス製がおすすめです。板チョコの場合は細かく刻んでから湯せんするとムラになりにくいです。

ホイップクリームについて

泡立て済みの絞り袋に入った市販のホイップクリームを使っています。もちろん自分で生クリームを泡立ててもOKです。

チョコレートのディップについて

ディップするためには、多めの量のチョコレートが必要なためレシピの分量は少し多めになっています。余ったら冷蔵庫に入れて保管し、次回また湯せんして使うことができます。ディップするものがしっかりひたせる程度の大きさと深さのある器を使ってください。

チョコレートに色付けするときのコツ

湯せんしたチョコレートをスプーン1杯程度、別の容器にうつしパウダーとよく練り合わせてください。スプーンの背などでダマにならないようにつぶし、よく混ざったら、お好みの色になるよう調整しながら、少しずつ元のチョコレートに戻します。

粉砂糖のふるい方

茶漉しかふるいをお使いください。高めの位置からふるうと全体にかかり、低い位置からふるうと、部分的にかけることができます。

Contents

Contents

アイコンについて

Level 🌷 ……飾るだけ、組み合わせるだけなど、とても簡単

Level 🌷🌷 ……ちょっと時間と手間をかけて、手作りを楽しみたいときに

Level 🌷🌷🌷 ……じっくりとお菓子作りをしたいときに

Chapter1　ちょっと足すだけ

かんたんおやつ

つまめるクリームクラッカー

おやつにも、おつまみにも。大皿で出せば華やかな一品。

Level ♨

材料
クラッカー……1箱
ホイップクリーム……適量
ミックスナッツ……適量
エディブルフラワー……クラッカーと同じ数以上
チャービル、タイムなどのハーブ……お好みで

作り方

1 クラッカーを皿に並べる。

2 1の上にホイップクリームを絞り、ミックスナッツをのせる。

3 2の上にエディブルフラワーをのせる。お好みでハーブを添える。

・ホイップクリームが潰れないよう、そっとのせる。

・一皿に沢山のっているほうが華やかなので大皿を使うのがおすすめ。

・ハーブと花びらを皿の周りにも散らせば雰囲気が出る。

・ホイップクリームの代わりにクリームチーズをのせて、おつまみにも◎。

Flower

・写真ではビオラを使用。クラッカー1枚につき1輪丸ごと使う。全て同じ向きにするときれいに見える。

ブラックベリークリームクロワッサン

ベリーの酸味とクリームの甘さが絶妙にマッチ。特別な日の朝ごはんにも。

Level 〰

材料 1つ分

クロワッサン (大きめ)……1つ

チョコレートホイップクリーム……適量

冷凍ミックスベリー (ラズベリー、ブラックベリーを使用)……適量

エディブルフラワー……適量

粉砂糖……適量

下準備

冷凍ミックスベリーからラズベリー、ブラックベリーを取り出し、少し室温に戻しておく。半解凍が水っぽくならずおすすめ。

作り方

1 クロワッサンに切り込みを入れる。

2 切り込み部分にチョコレートホイップクリームをたっぷり絞り出し、ラズベリーとブラックベリーを並べる。

3 粉砂糖をまぶし、エディブルフラワーを飾る。

Memo

・上から撮ると断面が写りにくいため、少しななめから撮る。

Flower

・写真ではペンタスを使用。ベリーが隠れないように、小花を飾るとバランスがとれる。

クリームチーズバゲット

にんにくとパセリをきかせて、ちょっと大人の味に。ワインのお供にも。

Level ♨
___

材料

好きな大きさのバゲット……1本

クリームチーズ……100g

おろしにんにく（チューブでも可）……小さじ1

パセリ……適量

岩塩（塩胡椒でも可）……適量

ピンクペッパー……適量

ブラックペッパー……適量

エディブルフラワー……適量

ディル、タイム……適量

下準備

クリームチーズを室温に戻しておく。

作り方

1　パセリをみじん切りにする。バゲットを好みの厚さにスライスしておく。

2　ボウルにクリームチーズを入れ、おろしにんにく、パセリを加え練り混ぜる。岩塩で味を調える。

3　2をスライスしたバゲットに塗り、ピンクペッパー、ブラックペッパー、ディルやタイム、エディブルフラワーで飾りつける。

Memo

・何枚かバゲットを並べるとバランスが良い。ナイフを添えたところや、塗っている瞬間を撮るのも雰囲気が出る。

・お皿にのせて、バゲットからはみ出すくらいまでブラックペッパーを振りかける。ちょっと高めの位置からミルを揺らすようにかけると自然に見える。

Flower

・写真ではビオラとマリーゴールドの花びらを使用。花を分解して中心の部分の小花を使うのがおすすめ。細かい花びらをたくさん散らすと華やか。

フルーツポンチ

みんなで食べたい定番デザートに少しの特別感を。

Level ♨

材料 4〜5人分

ミックスフルーツ缶（425g）……1缶

ナタデココ……1パック（200g）

レモン……輪切りスライス2枚分

ライム（なくても可）……輪切りスライス2枚分

キウイ（季節の果物をお好みで）……適量

サイダー……500ml（器に合わせて）

エディブルフラワー……適量

作り方

1 ミックスフルーツ缶をざるにあけ、シロップを切っておく。ナタデココをざるにあけておく。レモンとライムを輪切りにスライスする。キウイをカットする。

2 深皿にミックスフルーツ、ナタデココ、キウイを入れる。サイダーをゆっくり注ぎ入れる（炭酸が抜けないように注意）。

3 2にレモンとライムを浮かべ、エディブルフラワーを散らして飾る。

Memo

・ライムのグリーンの代わりに、ミントなどのハーブを添えるのも良い。

Flower

・写真では、プリムラジュリアン（赤と黄色の花）、トレニア（紫色の花）を丸ごと使用。マリーゴールドやキクの花びらをちぎって散らし、カラフルに。

ナッツと
お花のケーキ

かんたんなのにプロみたいな仕上がりに。

Level 🍮

材料 1台分

スポンジケーキ……5号

ホイップクリーム……適量

バナナやいちご (お好みで)……適量

エディブルフラワー……適量

クルミ、カシューナッツ、アーモンド……適量

タイム……適量

下準備

バナナやいちごなどお好みのフルーツを厚さ
1cm程度にスライスしておく。

作り方

1 スポンジケーキの下段にホイップクリームを
塗り、フルーツを並べる。

2 1のフルーツの上にホイップクリームをのせ
ナイフで平らに整える。

3 2に、上段のスポンジケーキをのせて、ホイッ
プクリームを絞り、表面、サイドをナイフで平
らに整えるように塗る。クルミ、カシューナッツ、
アーモンド、エディブルフラワー、タイムの順
に飾る。

Memo

・お好みでケーキの上にフルーツをのせても良い。

・表面に塗るホイップクリームは、整えすぎずあえて無造作に仕上げる。

・ナッツ類は同じ方向にならないように、ランダムに並べる。エディブルフラワーも同じ方向を向かないように、
　ナッツに立てかけるように飾ると立体感が出る。タイムは、ナッツとエディブルフラワーの間に差し込むように
　し、ベタッとはりつかないようにする。

Flower

・写真ではビオラを使用。同色のビオラを使うと統一感が出てシックな雰囲気のケーキになる。

焼きバナナのパイ生地ミルフィーユ

サクサクの生地とバナナの甘みが口の中にジュワッと広がる。

Level ♨♨

材料 6つ分

冷凍パイシート……2枚

バナナ……2本

卵黄……1個分

バター……適量

砂糖……適量

エディブルフラワー……適量

粉砂糖……適量

下準備

オーブンを210℃に予熱する。

作り方

1 冷凍パイシートを冷凍庫から出したら1枚を3等分にカットする。バナナは輪切りにする。

2 カットした冷凍パイシートの中心にバナナを5枚ほど並べる（縁にかかるとその部分が膨らまないので注意）。

3 パイシートの縁にスプーンで卵黄を塗り、バナナの上にバターを少しだけのせ、砂糖を振りかける。

4 3をクッキングシートをしいた天板に並べ、予熱しておいたオーブンに入れる。210℃で10分焼き、180℃で10分焼く。

5 パイをオーブンから出し粗熱を取る。粉砂糖を振りかけ、エディブルフラワーで飾る。

Memo
・卵黄を塗るのは照りを出すため。
・粉砂糖を振るときは、高い位置から振りかけることで自然な仕上がりになる。
　お皿にも粉砂糖がかかるように振りかけると美しい。

Flower
・写真ではビオラを使用。1つのパイに、お花1輪と、ちぎった花びら何枚か、両方飾るとバランスが良い。

25

お花のクレープ

タピオカ粉を使うことで、もちもちした食感に。お好きなフルーツを挟んでどうぞ。

Level 🥄🥄

材料 10枚分

A｜薄力粉……50g
　｜タピオカ粉……50g
　｜砂糖……大さじ3
　｜塩……少々

卵……2個

牛乳……340ml

有塩バター……10g

エディブルフラワー（押し花）……適量

ホイップクリーム……適量

いちごやバナナなどのフルーツ
　　（お好みで）……適量

チャービル（お好みで、ミントなどでも可）
　　……適量

準備する道具

テフロン加工のフライパン（ない場合は、
フライパンにバターを多めにしっかりとひく）

作り方

1 ボウルにAを入れ混ぜ合わせる。

2 1に牛乳の半量と卵を加えよく混ぜる。

3 2に残りの牛乳も加えてダマにならないようによく混ぜる。

4 フライパンを中弱火で十分に温め、有塩バターをフライパン全体にいきわたるようにひいてから、お玉1杯弱分の生地を流し込む（生地を入れたときにジュッと音がすれば十分に温まっている）。

5 フライパンを傾けながら全体に生地をいきわたらせる。

6 生地にうっすらと焼き色がついたら端を少しめくり、手かフライ返しを使って破れないよう裏返す（手でさわる際は火傷に注意）。裏面を数秒だけ焼き、お皿に取り出す。

7 クレープの粗熱が取れたら、ホイップクリームを絞り、カットしたフルーツをのせる。クレープをおりたたみ、表面に押し花をはりつけ、チャービルを飾る。

Memo

・タピオカ粉がない場合は、もちもち感は弱くなるが薄力粉を100gに増やしても代用可能。
　生地が、お玉で伸ばしやすいくらいの硬さになるよう、牛乳を入れる量を調整する。

・お皿にもフルーツや押し花を飾りつけて、全体のバランスをとる。

Flower

・写真ではビオラの押し花を使用。生の花ではなく、押し花を使うことで平面にしっかりとはりつけることができる。
　押し花がはりつきにくいときは、はちみつを接着剤として使う。

雰囲気のある写真の撮り方

横から撮る場合

高さがあるもの（ケーキやドリンクなど）、層を見せたいものは横から撮るのがおすすめ。メインのものにピントを合わせ、背景の小物などをぼかし、奥行きを出す。

フラワーベース

小物が直線的なものが多い場合、シルエットが曲線で縦長のものを入れるとバランスがとれる。活ける花によっても表情が変えられるので使いやすい。

小物

コンセプトにマッチしたテイストのものを選ぶ。今回のテイストはシックでアンティークな雰囲気なので古めかしい缶、額縁、ポスターを配置。

光

この写真の場合、左側の窓から光がさしこんでいる。見せたいエディブルフラワーに光が当たるように配置している。

布

きれいに整えすぎず、無造作にしくことで、日常感を演出する。

ポイントは「光」と「ストーリー」

・光は、レースのカーテンごしのやわらかい自然光がおすすめ。窓際など、1方向から光が来るように撮影場所を決めると良い（室内の照明は消す）。光が1方向から当たることで、綺麗な陰影ができ質感が伝わりやすい。

・テーブルはツヤがない材質のもののほうが光が反射せず、撮りやすい。ない場合は、布をしくと良い。

・写真の中で映画の主人公が暮らしているかのように、物語を想像しながら小物などを考えていくとイメージがふくらむ。

リボン
動きが表現しやすいリボンはいくつか持っておくと便利。サテンやレースなど色々な種類があるので、テイスト別に使い分けができる。

上から撮る場合
高さのないものや、複数のものを並べたいときは上から撮る。メインでないものは、あえて画角から見切れさせる。

キャンドル
オレンジ色の光でぬくもりを出す、人の気配を感じさせるなどの効果がある。

フルーツ
いくつか並べるときは、ランダムに。奇数のほうがバランスがとりやすい。

お皿
三角形になるような位置に配置するとバランスが良い。

粉砂糖
振りかけることで空間にフィルターのような効果が得られ、絵になる。小物が置けないときなどに、粉砂糖や胡椒などを振ると効果的。

カトラリー
まっすぐに置かず、使っている雰囲気を出す。クレープをあえて折ることで陰影が出て、質感が伝わる。

光
左から光がさしこんでいるが、カーテンなどを利用し、光を当てる部分を制限している。写真の真ん中からやや上の部分に光の筋を当てるイメージ。写真の上と下の部分は、あえて暗くなるように光の入り方を調整している。

Chapter2　　ひと工夫で差がつく

贈り物のお菓子

ローズとベリーのチョコレート

固めるだけなのに、特別感のある仕上がり。

Level 〰

材料

板チョコ (茶色) ……200g

A │ パンプキンシード (ピスタチオでも可) ……10粒
　│ アーモンド……10粒
　│ ドライクランベリー……10粒
　│ ドライハーブ (マイカイカ) ……5輪

作り方

1 板チョコを湯せんし溶かす。適度な大きさのトレーにクッキングシートをしいて溶かしたチョコレートを流し込む。

2 チョコレートが固まらないうちにAを散らす (マイカイカは花びらをちぎって入れるものと、花をそのまま入れるもの両方あっても良い)。

3 室温で数時間置いた後、冷蔵庫で保存する。

4 冷蔵庫で確実に固まった後、好きな大きさにカットする。

Memo

・チョコレートは急激に冷やすとブルーム現象により表面が白くなってしまうので、
　室温でしばらく置いた後に冷蔵庫に入れる。
・板チョコの種類はお好みで。
・カットしてからの撮影がおすすめ。数枚を重ねて断面を写したり、お花を散らして撮影したりするのも良い。

Flower

・写真ではマイカイカを使用しているが、ローズペタルもおすすめ。生ではなく、ドライのものを使用する。ホワイトチョコレートで作る場合は、押し花のビオラを使っても美しく作れる。ダークチョコレートの場合は、シックに濃い色みでまとめるとおしゃれ。

ビオラのマカロン

押し花をはりつけるだけで、何倍もかわいく。

Level 🥄

材料

マカロン……数個

エディブルフラワー（押し花）……数枚（マカロンの数だけ）

はちみつ……ほんの少し

作り方

1 マカロンに小さめのスプーンを使ってはちみつを薄く塗る（ビオラの押し花の形に）。

2 押し花をはちみつの上にのせて、指で軽くトントンと押さえはりつける。

Memo

・業務スーパーにある冷凍のマカロンを買っておくと、賞味期限が長いので便利。

・小箱や缶に入れてギフトラッピングを行うと、ビオラがはがれにくくおすすめ。

Flower

・ビオラの押し花を使用。押し花の色の種類が多いほうがたくさんの組み合わせを楽しめる。

チョコいちご

チョコといちごの王道の組み合わせに、デコレーションで差をつけて。

Level ♨

材料

いちご……1パック
板チョコ（茶色）……200g
板チョコ（白色）……200g
むらさきいもパウダー……2g
A｜ドライハーブ（マイカイカ）……適量
　｜ココナッツロング……適量
　｜アラザン……適量

作り方

1 いちごを冷蔵庫から出し室温に戻しておく。板チョコをそれぞれ湯せんする。

2 湯せんしたチョコレート（白色）にむらさきいもパウダーを入れよく混ぜる（色が薄い場合はパウダーの量を調整する）。

3 いちごのへたの部分をつまみ、いちご全体にチョコレートがつくようにひたす。チョコレートが固まる前にAで飾りつける。

Memo
・いちごが冷たいと、チョコレートがすぐに固まってしまいデコレーションがしにくくなるため室温に戻しておく。
・湯せんするときは小さめのボウルやタッパーなどで行えば、いちごをディップしやすい。いちご全体をチョコにひたせるよう深さのある容器を使う。
・傷まないように注意し早めにお召し上がりください。

Flower
・マイカイカは、外側の花びらを何枚かむき、中のつぼみと、むいた花びらの、両方使用できる。

スティックマシュマロ

透明の袋に入れてリボンをかければ、配りやすくかわいい贈り物に。

Level 🖐

材料

マシュマロ……好きなだけ

ドライフルーツ（オレンジ、アプリコット、
　クランベリー、パインなどお好みで）……適量

チョコペン（お好みの色）……適量

エディブルフラワー……適量

ドライハーブ（コーンフラワー、マイカイカ）……適量

準備する道具

竹串

作り方

1　濡らした竹串にマシュマロとドライフルーツを刺していく。

2　刺し終えたら皿かクッキングシートに平置きし、チョコペンでデコレーションする。

3　チョコが固まる前にエディブルフラワー、ドライハーブ（コーンフラワー、マイカイカ）で装飾する。
　完全にチョコが固まるまで待つ。

Memo

・竹串にマシュマロを刺すときは、1つ刺すごとにもう一度竹串を濡らしてから刺さないとマシュマロがひっか
　かってしまうので注意。

・手に持って、背景をぼかして撮影する（マクロ撮影）のもおすすめ。

Flower

・写真では生のビオラ、ストックの花びら（ピンク色）、アリッサムの花びら（濃い紫色の小花）と、ドライハーブの
　コーンフラワー、花びらを細かくしたマイカイカを使用。花の種類にこだわらず、チョコペンと同じ色の花
　や、茶葉を選ぶと良い。

キャロットパウンドケーキ

贈り物やホームパーティーの主役にも。

Level ♨ ♨ ♨

材料

卵……2個

米油 (サラダ油や太白胡麻油でも可)……100g

グラニュー糖……120g

A ┃ 製菓用米粉……150g

┃ ベーキングパウダー……小さじ1

┃ シナモンパウダー……小さじ2

┃ ナツメグパウダー……小さじ½

にんじん……1本 (130〜150g)

クルミ……20g

レーズン……30g

クリーム

┃ クリームチーズ……100g

┃ グラニュー糖……20g

┃ レモン果汁……10ml

飾り用

┃ アーモンド、クルミ、
┃ 　カシューナッツ……適量

┃ ピスタチオダイス……適量

┃ エディブルフラワー……適量

準備する道具

パウンド型1本

(175mm×80mm×H60mm)

下準備

・パウンド型にクッキングシートをしく。

・オーブンを190℃に予熱する。

・にんじんを千切りにするかおろし器で削っておく。

・生地に使う用のクルミを刻んでおく。

・クリームチーズは室温に戻しておく。

作り方

1 ボウルに米油と卵を割り入れる。泡立て器で白っぽくなるまでしっかり乳化させたらグラニュー糖を入れ、ザラザラ感がなくなるまで混ぜる。

2 1に、A、削ったにんじん、刻んだクルミ、レーズンを加えてツヤが出るまで混ぜ合わせる。

3 2を型に流し込み、180℃のオーブンで35分焼く。竹串を刺してみて生っぽい生地が付いてきたら追加で5分ほど焼く。

4 焼き上がり、粗熱が取れたら型から取り出して全体をラップで包み、冷蔵庫で冷やす。

5 冷やしている間に上にのせるクリームを作る。ボウルに、室温に戻しておいたクリームチーズとグラニュー糖を入れゴムベラですり混ぜ、クリームチーズのダマがなくなったらレモン果汁を加えなめらかになるまで混ぜる。

6 冷蔵庫からケーキを取り出し、ヘラやパレットナイフなどで5を塗り、ナッツ類、ピスタチオダイス、エディブルフラワーを飾りつける。

Memo

・冷やしてしっかり固まった後に切り分けると綺麗な仕上がりに。

・飾りつけでは、ナッツを同じ向きにならないようにランダムに置き、ナッツの隙間に立てかけるようにエディブルフラワーをさしていく。

Flower

・写真ではマリーゴールドを分解し、中心の部分と、外側の花びらを使用。バランスよく、1枚ずつ立体的に配置していく。

Side story2 ひと手間かけるラッピング

通常のラッピングでは包装紙やリボンを使うことが
多いかと思いますが、今回は、
布やドライフラワーを使用した、ひと味ちがう
アレンジ方法をご紹介します。

1・2 ドライフラワーは写真のように何本か束ねたもの、あるいは、1本さすだ
けでもOK。花ではなく、ユーカリなどのグリーンのドライも◎。

3 古い写真やポストカード、スクラップ素材（雑誌の写真の切り抜きなど）など
のペーパーアイテムを、リボンにはさむのもおすすめ。モノクロのものや
落ち着いた色みのものを選ぶと統一感が出る。

4 紙ではなく、コットンリネンなどの布を使えばナチュラルな印象に。アイボ
リーやベージュ、グレーなどの色が使いやすい。

5・6 シフォンやジョーゼットなどの薄い布を裂いてリボンとして使うことがで
きる。写真のように、太めに幅をとると良い。リボンのかわりに、麻ひもを使
うのも◎。

材料を100円均一ショップなどで探す場合、ツヤがなく、無地のものを選ぶと
失敗しにくい。

Chapter3　　ひえひえ

冷たいスイーツ

冷たいフレンチトースト

実はひえひえも美味しいんです。

Level ♨♨

材料 2人分

食パン……2枚（6枚切り）

A｜卵……2個
　｜牛乳……110ml
　｜砂糖……40g

バター……10g

バナナ……1本

エディブルフラワー……適量

ドライハーブ（コーンフラワー）……適量

冷凍ミックスベリー……適量

ミックスナッツ……適量

アイスクリーム（お好みで）……適量

作り方

1　食パンをそれぞれ4分の1にカットする。ボウルにAを入れ泡立て器で混ぜ合わせ、卵液を作る。バットにカットした食パンを並べ卵液を注いでひたし、10分程度つけ置く。

2　中火で熱したフライパンにバターを溶かし、バターを全体にいきわたらせたら食パン1枚分を入れる。

3　焼き色がついたら裏返し、蓋をして弱火で2～3分焼く。

4　両面に焼き色がついたらお皿に出し、粗熱を取り、ラップをして冷蔵庫に入れる。残りの食パンを同じように焼き、冷蔵庫に入れる。1時間ほど寝かせる。

5　冷蔵庫から4を出し皿に盛りつけ、スライスしたバナナ、砕いたナッツ、砕いた冷凍ミックスベリー、アイスをのせ（お好みで粉砂糖やはちみつなども）エディブルフラワー、ドライハーブで飾る。

Memo

・つけ置く時間がないときは、パンにフォークで穴をあけたり、途中で裏返したりして卵液をしっかりと吸わせる。バットがない場合は、ジップロックなどの袋に卵液と食パンを入れてひたすこともできる。

・フレンチトーストが冷たいので、アイスが溶けにくく撮影しやすい。

・冷凍ミックスベリーは冷凍庫から出してすぐに砕く。やわらかくなると、砕けずにつぶれてしまう。

・もちろん熱々で食べても◎。

Flower

・写真では、生のビオラ、アリッサム（白い小花）、キクの花びら、ドライハーブ（コーンフラワー）を使用。ビオラ丸々1輪をアイスのトップに使うのがおすすめ。高さを出して立体感を出す。ローズペタルやサフラワーなどのドライハーブを散らすのも良い。

いつものアイスにときめきを。

買ってきたアイスでも、少し工夫しただけで素敵な一皿に。

Level ♨

ソフトクリームのアレンジアイディア

材料 2人分

コーン付きソフトクリーム（「明治うずまきソフト」を使用）……1つ

エディブルフラワー……適量

ドライハーブ（ラベンダー、サフラワー、コーンフラワー、マイカイカ）
　　……適量

作り方

1　かちかちに凍っている状態のソフトクリームを、包丁で
　縦半分にカットする。

2　エディブルフラワー、ドライハーブを飾る。

Memo

・ソフトクリームをカットするときのコツは、溶けな
　いうちに手早く、つぶれないように包丁を動か
　しながら切ること。

Flower

・写真ではビオラを使用。生のお花だけではな
　く、細かい茶葉も散らすと雰囲気が出る。

棒付きアイスのアレンジアイディア

材料 2人分

棒付きアイス（森永「パルム」を使用）……好きなだけ

はちみつ……適量

エディブルフラワー……適量

ドライハーブ（ローズ、カモミール、ラベンダー）……適量

タイム、チャービル（お好みで）……適量

作り方

1 お皿に棒付きアイスを並べる。

2 アイスの、エディブルフラワーをのせたいところにはちみつを少し塗り、エディブルフラワーをのせる。ドライハーブ、タイム、チャービルを飾る。

Memo

・アイスの形がシンプルなのでお皿に柄や装飾のあるものを使うのがおすすめ。フォークでくずしたところを撮影すると動きが出る。

Flower

・写真ではビオラを使用。アイスの色に合う色合いの花びらを散らすのも良い。

お花のアイスキャンディー

フルーツたっぷり。お子様も喜ぶアイス作り。

Level ♨ ♨

材料 6本分

りんごジュース（お好みの味で良いが透明なジュースがおすすめ）
　……200〜300ml
ミックスフルーツ缶（200g）……1缶
ブルーベリー……適量
オレンジのスライス……6枚
はちみつ……大さじ1
エディブルフラワー……適量
板チョコ（ホワイト）……2枚

準備する道具

アイスキャンディー用容器
（100円均一ショップで購入可能）

作り方

1　ミックスフルーツ缶のシロップを切っておく。りんごジュースにはちみつを入れ混ぜておく。

2　オレンジのスライスとアイスキャンディー用容器の間にエディブルフラワーを挟み込むように入れる。箸などでオレンジのスライスを押さえながら、ミックスフルーツ、ブルーベリーを容器いっぱいに入れ、オレンジが動かないよう固定する。

3　1のりんごジュースを容器の8分目まで入れた後、手持ち用の棒を差し込んで蓋を閉め冷凍庫で一晩凍らせる。

4　板チョコを湯せんし、冷凍庫から出したアイスキャンディーを1本ずつディップする。チョコが固まる前にエディブルフラワーをのせる。

Memo
・缶詰のミックスフルーツでなく、お好みのフルーツを使っても良い。
・チョコをディップする際、一瞬で固まるため、エディブルフラワーを手元に用意しておく。
・チョコをかけなくても、美味しく食べられます。

Flower
・写真ではビオラを使用。キクの花びらを中に入れるのも良い。

かんたんミニパフェ

クリームは真っ白なキャンバス。リースのように飾りつけて。

Level ♨

材料

フルーツグラノーラ……適量

ホイップクリーム……適量

ぶどう（皮も食べられる種類のもの）……適量

ブルーベリー……適量

タイム……適量

エディブルフラワー……適量

用意するもの

脚つきのパフェグラス

作り方

1 ぶどうを縦半分にカットしておく。

2 パフェグラスにフルーツグラノーラをしきつめる。

3 2の上にぶどうを並べる。

4 3の上にホイップクリームを絞り出し、表面をナイフで整える。ブルーベリー、タイム、エディブルフラワーで飾りつける。

Memo

・層を見せる場合は横から、表面のデコレーションを見せる場合は、上から撮影する。

・ホイップクリームの表面は整えすぎず、ラフな感じに仕上げる。なめらかに仕上げるより、塗り跡に影ができるので、写真に撮ったときに立体感が出て雰囲気が増す。

・タイムの先の細い部分を小さくカットしてブルーベリーの下に差し込む。

Flower

・写真では、マリーゴールドを分解した中心の部分を使用。ブルーベリーの青の補色である黄色の花を使うと良い。繊細に飾るには、カモミールやカレンデュラもおすすめ。

ホームパーティーを
華やかにするアイディア

ちょっとしおれかけているエディブルフラワーがあったら、
こんな風に使えばOK。氷やお水にまでこだわれば、
ホームパーティーの達人になれそうです。

ハーブウォーター

材料

ハーブ（タイムやセージ）……適量

オレンジやレモン（お好みのフルーツ）
　　……適量

エディブルフラワー（ビオラ）……適量

水（炭酸水でも）
　　……ボトルの大きさに合わせて

作り方

1　広めの口のボトルにハーブ、フルーツ、
　エディブルフラワーを入れる。

2　水を注ぎ、冷蔵庫で冷やす。

Memo

・ドライハーブやドライフルーツを入れるのもお
　すすめ。

お花の氷

材料
エディブルフラワー……適量
水……製氷皿に合わせて

用意するもの
製氷皿

作り方

1 製氷皿の半分まで水を入れて、エディブル
フラワーを1つずつ押し込む。冷凍庫で凍
らせる。

2 凍ったら取り出し、製氷皿の8〜9分目まで
水を入れ、再度凍らせる。

Memo
・一度に凍らせようとすると、花が表面に浮いてき
てしまう。

55

Chapter4　　ちょっと背伸びして作りたい

とっておきのおやつ

クリームチーズといちごの
焼きドーナツ ……… P.61
大理石のようなマーブル模様。

Level 🥄🥄🥄

チョコレートの
焼きドーナツ ……… P.60
ほんのり香るラベンダー。

Level 🥄🥄🥄

Memo

・マーブル模様にするために、2色のチョコを混ぜすぎないように注意。混ぜすぎると1色になってしまう。

・チョコレートはお好みの色になるようパウダーの量を少しずつ調整する。「クリームチーズといちごの焼きドーナツ」では、コーティング用チョコ（茶色）を使わなくてもピンクとホワイトのマーブル状の色にできる。

・ドーナツがディップできるくらいの大きさの少し深めの器を使う。

Flower

・写真では、ビオラの押し花を使用。花の色とチョコレートの色を合わせると良い。

チョコレートの焼きドーナツ

材料 6個分

卵……3個

A | グラニュー糖……50g
  | はちみつ……20g

豆乳……60ml

B | 全粒粉……70g
  | ココアパウダー……8g
  | アーモンドパウダー……15g
  | ベーキングパウダー……4g

バター……30g

チョコチップ……お好みの量

デコレーション

コーティング用チョコレート(白色)……250g

炭パウダー……2g

エディブルフラワー(押し花)……適量

ドライハーブ(ラベンダー)……適量

食用グリッター(ゴールド)……お好みで

下準備

・バターを耐熱容器に入れ電子レンジか湯せんで溶かしておく。

・B を全て混ぜ合わせてふるっておく(B′)。

・オーブンを190℃に予熱する。

準備する道具

ドーナツ型(直径70mm、高さ25mmのもの)……6個

作り方

1 ボウルに卵を割り入れ、泡立て器でコシが切れるまで混ぜたら A を入れ、グラニュー糖のザラザラ感がなくなるまでよく混ぜる。

2 1 に豆乳を加えよく混ぜたら、ゴムベラに持ち替え B′を一度に加え、粉気がなくなるまで混ぜる。

3 2 に溶かしバターを加えて全体的によく馴染んだら型に流し込み、上からチョコチップをお好みの量振りかけて180℃のオーブンで18分焼く。

4 焼き上がって粗熱が取れたら型から外し、完全に冷めるまで待つ。

5 冷ましている間に、デコレーションの用意をする。コーティング用チョコ(白色)を200g(a)と50g(b)ずつに分け、それぞれ湯せんする。b に炭パウダーを入れ、色がグレーになるよう混ぜる。

6 器に a を入れ、b をスプーン1杯分たらす。スプーンで一回しして、マーブル模様を作る。

7 6 にドーナツの表面をひたすようにしてつけたら(P.59を参照)、固まる前にエディブルフラワー(押し花)、ドライハーブ(ラベンダー)をはりつける。チョコレートが固まったら、食用グリッターを筆などでつける。

クリームチーズと
いちごの焼きドーナツ

材料　6個分

卵……2個

A グラニュー糖……50g
　　はちみつ……20g
　　レモン果汁……15ml

豆乳……60ml

B 全粒粉……80g
　　アーモンドパウダー……15g
　　ベーキングパウダー……4g

バター……30g

クリームチーズ……100g

フリーズドライいちご……お好みの量

デコレーション

コーティング用チョコレート（白色）……250g
コーティング用チョコレート（茶色）……10g
むらさきいもパウダー……2g
エディブルフラワー（押し花）……適量
ドライハーブ（ローズペタル）……適量
食用グリッター（ゴールド）……お好みで

下準備

・バターを耐熱容器に入れ電子レンジか湯せんで
　溶かしておく。
・クリームチーズを1cm角に刻んでおく。
・Bを全て混ぜ合わせてふるっておく（B'）。
・オーブンを190℃に予熱する。

準備する道具

ドーナツ型（直径70mm、高さ25mmのもの）……6個

作り方

1 ボウルに卵を割り入れ、泡立て器でコシが切
　れるまで混ぜたらAを入れ、グラニュー糖の
　ザラザラ感がなくなるまでよく混ぜる。

2 1に豆乳を加えよく混ぜたら、ゴムベラに持ち
　替えB'を一度に加え、粉気がなくなるまで混ぜ
　る。

3 2に溶かしバターを加えて全体的によく馴染
　んだら型に流し込み、刻んだクリームチーズと
　フリーズドライいちごを上からふりかけて180℃
　のオーブンで18分焼く。

4 焼き上がって粗熱が取れたら型から外し、完
　全に冷めるまで待つ。

5 冷ましている間に、デコレーションの用意をす
　る。コーティング用チョコ（白色）を200g（a）と
　50g（b）ずつに分けて湯せんする。コーティン
　グ用チョコ（茶色）を湯せんする（c）。

6 器にa、むらさきいもパウダー、cを入れ、くす
　んだピンク色になるよう混ぜ、bをスプーン1
　杯分たらし一回しして、マーブル模様を作る。

7 6にドーナツの表面をひたすようにしてつけた
　ら（P.59を参照）、固まる前にエディブルフラワー（押
　し花）、ドライハーブ（ローズペタル）をはりつける。
　チョコレートが固まったら、食用グリッターを筆
　などでつける。

ローズ香るさくほろクッキー

全粒粉の香ばしさとナッツの歯ごたえがクセになる。

Level ♔♔♔

材料 焼き上がり直径5cm 18枚分

有塩バター……75g

きび砂糖……60g

アーモンドパウダー……30g

A | 卵黄……1個分
  | バニラオイル……5滴

無塩素焼きナッツ
（アーモンド、カシューナッツ、クルミを使用）……25g

全粒粉……70g

デコレーション

コーティング用チョコレート（白色）……400g

むらさきいもパウダー……2g

ドライハーブ（マイカイカ、ローズペタル）……適量

下準備

・有塩バターを冷蔵庫から出し、指で押すとスッと指が入るくらいにやわらかくなるように室温に戻す。

・全粒粉、アーモンドパウダーをそれぞれふるっておく。

・ナッツを約5mm角に刻んでおく。

・オーブンを180℃に予熱する。

Memo

・ナッツはお好みのものをお使いください。

・4で、成形しにくい場合、冷蔵庫で生地を1時間ほど休ませてから棒状にすると作業しやすい。

・6で、クッキーは焼くと生地が広がるので間隔をあけて並べる。

・7で、途中で上面や側面に焼きムラができていたら、オーブンを開け、天板を反転させる。

Flower

・写真ではマイカイカをピンクのチョコに、ローズペタルをホワイトチョコに使用。ビオラの押し花を使いたい場合は、クッキー全面にチョコレートをつけ、その上にのせる。

作り方

1 ボウルに室温に戻した有塩バターを入れ、泡立て器で混ぜる。クリーム状になったら、きび砂糖を加え馴染むまで混ぜ合わせる。

2 1にAを入れ、卵黄が馴染むまで混ぜ合わせる。

3 2に刻んだナッツ、ふるったアーモンドパウダー、全粒粉を入れ、ゴムベラで切るように、生地がそぼろ状になるまで混ぜ合わせる。

4 ゴムベラを3の生地に数回押しあて滑らかにする。粉っぽさがなくなり生地全体が馴染んだら直径4cm、長さ18cmの棒状にする。

5 4を冷蔵庫で3時間以上休ませ、カットする30分ほど前に冷凍庫に入れる。

6 5を冷凍庫から取り出し、厚さ1cm程度にカットしクッキングシートをしいた天板に並べる。

7 180℃に予熱しておいたオーブンで15分ほど焼く。

8 表面の縁がほんのりきつね色になったらオーブンから取り出し、完全に冷めるまで待つ。

9 コーティング用チョコレート（白色）を湯せんする。200gずつに分け、片方にむらさきいもパウダーを混ぜてピンク色にする。それぞれ、クッキーが入るくらいの大きさの深めの器に入れる。

10 クッキーを持ち、9にクッキーの半分がひたるくらいディップし、クッキングシートの上にのせ、ドライハーブ（マイカイカ、ローズペタル）を飾る。ピンク色のチョコレートとホワイトチョコレートに、半数ずつディップする。

いちじくのレアチーズケーキ

一人分ずつ丁寧に飾りつければ、まるでお店のケーキのよう。

Level 🥄🥄🥄

材料

クリームチーズ……200g

グラニュー糖……70g

生クリーム……200ml

レモン果汁……30ml

ゼラチン……7g

冷水……35ml

市販のプレーンクッキー……90g

バター……50g

デコレーション

いちじく……適量

エディブルフラワー……適量

ドライハーブ（コーンフラワー）……適量

タイム……適量

準備する道具

パウンド型1本
（175mm×80mm×H60mm）

下準備

・クリームチーズを室温に戻す。

・バターを電子レンジで温め溶かしておく。

・パウンド型にラップをしいておく。

・ゼラチンと冷水を混ぜ合わせて冷蔵庫に入れておく。

作り方

1　厚めの袋にプレーンクッキーを入れ、袋の上からめん棒などで叩いて細かく砕き、パラパラになったら溶かしバターを入れて混ぜ合わせる。

2　ラップをしいた型の底に1をしき詰めてスプーンなどで押しつけて平らにし、冷蔵庫で冷やしておく。

3　ボウルに室温に戻したクリームチーズを入れ、ゴムベラなどでやわらかくなるまで練り、やわらかくなったら泡立て器に持ち替えてグラニュー糖を入れ、よくすり混ぜる。

4　3に生クリームを入れ、全体が混ざったらレモン果汁を入れよく混ぜる。

5　混ぜ合わせておいたゼラチン液を冷蔵庫から出す。電子レンジ（500W）で30〜40秒ほど温めて溶かし、4に加えてよく混ぜる。

6　2を冷蔵庫から出し、型の中に5を流し込む。冷蔵庫に入れて3時間ほど冷やし固める。

7　固まったらラップごと型から取り出し、一人分の大きさにカットする。

8　7にデコレーションをする。一口大にカットしたいちじく、エディブルフラワー、ドライハーブ（コーンフラワー）、タイムをランダムに飾りつける。

Memo

・飾りつけるときは、いちじくを整列させすぎず、ランダムに並べる。高さがある部分にエディブルフラワーをのせる。タイムをビオラのサイドに差し込むことで、立体感が出る。

Flower

・写真ではビオラを使用。コーンフラワーをのせるときは、散らばらないように、少量をつまんでのせる。

レモンケーキ

ホワイトチョコと小花で可憐な仕上がりに。

Level ♨♨♨

材料 8個分

卵……2個

A | グラニュー糖……45g
  | はちみつ……30g

B | 米粉……75g
  | アーモンドパウダー……30g
  | ベーキングパウダー……小さじ½

C | レモン果汁……20ml
  | レモンピール……30g

無塩バター……60g

デコレーション

コーティング用チョコレート（白色）……200g
ピスタチオダイス……適量
エディブルフラワー……適量

Memo

・トッピングのチョコレートが薄い場合は2度ディップする。1度目のチョコレートが完全に固まってから、2度目のディップをする。
・エディブルフラワーとピスタチオダイスは、全面に広げず、余白を残してのせる。

Flower

・写真ではマリーゴールドを使用。チョコにディップする前に、あらかじめマリーゴールドを分解し、中心の細かい花を準備しておく。

準備する道具

レモン型8個

下準備

・無塩バターを溶かしておく。
・型に薄くバター（分量外）を塗り、冷蔵庫に入れておく。
・オーブンを180℃に予熱する。

作り方

1　ボウルに卵を割り入れコシを切るように泡立て器で混ぜる。Aを加え、白くもったりと、泡のキメが細かくなるまでよく泡立てる。

2　1にBを入れダマがなくなるまで混ぜたらCを入れ混ぜる。最後に溶かしバターを加えて乳化するまで底からしっかり混ぜる。

3　2をレモン型に流し込み、170℃のオーブンで20分焼く。

4　焼き上がって粗熱が取れたら型から取り出し、お皿の上で冷ます。

5　コーティング用チョコレート（白色）を湯せんし、レモンケーキが入るくらいの深めのお皿に入れる。

6　レモンケーキを5にディップし、ピスタチオダイスと、エディブルフラワーを飾りつける。

パンナコッタを使った二層ゼリー

さわやかなレモン味と、濃厚ミルクの相性が◎。

Level 〰〰〰

材料 6個分

[ゼリー部分]

A｜アガー……5g
　｜グラニュー糖……50g

水……150ml

レモン果汁……30ml

エディブルフラワー……適量

ミックスフルーツ缶 (小)……適量

[パンナコッタ部分]

生クリーム……100ml

牛乳……120ml

B｜アガー……5g
　｜グラニュー糖……25g

準備する道具

ドーナツ型
(直径70mm、高さ25mmのもの) 6個

下準備

A、Bのアガーとグラニュー糖を量り、A
はAごとに、BはBごとにそれぞれ一緒に
し混ぜておく。

作り方

1　まずゼリーを作る。常温の水150mlを小鍋に入
　れ、そこに混ぜておいたAを少しずつ振り入れ
　泡立て器でその都度混ぜる。

2　1を中火にかける。混ぜながら沸騰直前のふ
　つふつした状態で、1分ほどアガーとグラニュー
　糖を煮溶かす。

3　1分経ったら火を止めて、電子レンジ(500W)で
　10秒ほど温めたレモン果汁を加えよく混ぜる。

4　3を型に流し込み、エディブルフラワーを素早
　く押し込んでいく。ゼリーが固まったら、ミックス
　フルーツを上にのせる。

5　次にパンナコッタを作る。小鍋に生クリームと牛
　乳を入れ、そこに混ぜておいたBを少しずつ振
　り入れ、泡立て器でその都度混ぜる。

6　5を中火にかける。混ぜながら沸騰直前のふ
　つふつした状態で、1分ほどアガーとグラニュー
　糖を煮溶かす。

7　6を50℃くらいになるまで冷まし、4の上に流し
　込む。アツアツの状態だと先ほど固めたゼリー
　が溶けてしまうので注意。型の縁ギリギリまで注
　ぎ、型ごと冷蔵庫で冷やし固める。

Memo

・アガーは90℃くらいで完全に溶ける。今回のように牛乳を使う場合は、沸騰させると泡や膜がはってしま
　うので注意。

・4で、アガーが固まるのが早いので、流し込んだらすぐにエディブルフラワーを入れられるように準備しておく。

・型から出すときは、ゼリーとパンナコッタの層がはがれないよう慎重に。

Flower

・写真ではビオラを使用。型から出したとき、ゼリーの表面にエディブルフラワーの表側が見えるように、表
　裏に注意して、なるべく深く押し込む。

エディブルフラワーを使った ごはんのレシピ

エディブルフラワーは、お菓子だけでなくごはんにも使えます。
私たちのお店でも、エディブルフラワーを使った食事を提供していますが、
ここではお花を活かしたお家でも作りやすいお料理のレシピをご紹介します。

ピンクのオニオンスープ

材料 4人分

たまねぎ (中) ……1個

有塩バター……10g

コンソメ (固形) ……1個

水……180ml

A｜牛乳……180ml
　｜生クリーム……100ml

おろし生姜……小さじ1

塩胡椒……少々

ビーツパウダー……小さじ1

イタリアンパセリ……適量

パセリ (みじん切り) ……適量

エディブルフラワー……適量

オリーブオイル……適量

作り方

1　たまねぎをすりおろす。鍋にバターを溶かしすりおろしたたまねぎを入れて弱火で煮立てる。

2　煮立ったところに水とコンソメを加え、再度沸騰したら弱火にして10分以上煮る。

3　2にAを加え、ひと煮立ちさせたら生姜と塩胡椒で味を調える。

4　3にビーツパウダーを加えお好みの色になるよう混ぜ合わせる。

5　器に盛りつけ、イタリアンパセリ、パセリ、エディブルフラワーを飾りオリーブオイルをたらす。

Memo

・たまねぎの食感が苦手でも、2でじっくり煮込むことで食べやすくなる。

・先にビーツパウダーを少量のスープで溶いておくと混ざりやすい。

・皿に盛りつけた後に運ぶと皿の縁にスープの跡がついて汚く見えてしまうので、あらかじめ皿をテーブルに置いてからスープを注ぐと良い。

・赤い野菜であるビーツからできたビーツパウダーを使えば安心して色付けできる。ビーツパウダーの味自体は強くないので、お菓子作りなどでも使える。

Flower

・写真ではビオラとマリーゴールドの花びらを使用。押し花を浮かべるのも◎。同じ花が連続で並んだり、くっついたりしないよう気を配ると良い。

シンプルグリーンサラダ

材料

グリーンリーフやベビーリーフ……適量

フライドオニオン……適量

エディブルフラワー……適量

ドレッシング

　オリーブオイル……大さじ1

　レモン果汁……大さじ1

　酢……大さじ1

　ナンプラー（なければ醤油でも可）……大さじ1

　はちみつ……小さじ1

　塩胡椒……適量

作り方

1　グリーンリーフ、ベビーリーフを洗って手でちぎりしっかりと水気をとる。サラダボウルに盛りつける。

2　ドレッシングの材料を全て混ぜ合わせたら1にかけ、フライドオニオン、エディブルフラワーを飾りつける。

Memo

・葉物をまとめて売っているミックスリーフを使っても良い。キャベツが入っていないものが好ましい。ドレッシングはお好みのものでもOK。

・グリーンの瑞々しさが出るよう、光が差し込んでいる場所で撮ると良い。

・葉物たちを潰さずにふんわり、自然に盛りつけるようにする。

Flower

・写真ではビオラを使用。ビオラ1輪を丸ごと数個使うと美しい。葉物にない色を、エディブルフラワーで補うことで華やかになる。

卵黄のしょうゆ漬けおにぎり

材料 1個分

卵……1個

醤油……適量

みりん……適量

炊いた米……適量

塩……少々

エディブルフラワー……適量

ハーブ（ディルやイタリアンパセリ）……適量

Memo

・半分に割り黄身のツヤを撮影すると美味しそうに撮ることができる。

・卵黄の醤油漬けはいくつかまとめて作っておけば、おにぎり以外にもおかずやおつまみとして食べられる。

Flower

・写真では、ナデシコ、ペンタス、ストック、マリーゴールドを使用。扇子形の花びらや小花と、小さくカットしたハーブを1輪の花のように見立てて飾る。

作り方

1 卵を一晩冷凍しておく。

2 冷凍庫から卵を出し、カラをむいて小さめの器に入れる。室温で3時間ほど置いておく（白身が溶けて黄身だけが取れるようになる）。

3 2の、溶けた白身を別の器に移す（白身は使わない）。

4 黄身だけが残った器に醤油とみりんを同量ずつ入れ（黄身の半分が浸かる程度）、冷蔵庫で一晩置いておく。

5 4の黄身を取り出し、炊いた米の真ん中に入れ、おにぎりを握る。

6 おにぎりの表面に塩を振った後、皿に盛りつけ、エディブルフラワーとハーブを飾る。

Chapter5　花カフェ気分

ドリンク＆ティー

ラベンダークリームソーダ

HANABARで大人気のお花のモクテルを、おうちレシピにアレンジ。

Level ♨

材料

ラベンダーシロップ（モナン）……20ml

トニックウォーター……適量（グラスに合わせて）

氷……適量

スライスレモン（ライムでも可）……1枚

アイスクリーム……適量

ドライハーブ（ラベンダー、ローズペタル）……適量

エディブルフラワー……適量

作り方

1 グラスにラベンダーシロップ（モナン）、ドライハーブ（ローズペタル）、氷の順に入れ、隙間に
 スライスレモンを差し込む。

2 トニックウォーターでアップし、軽くステアする（グラデーションを見せるため、混ぜすぎない）。

3 レモンの断面が見える側を正面として、アイスクリームをのせ、ドライハーブ（ラベンダー）、
 エディブルフラワーで飾る。

Memo

・ステアとは、「かき混ぜる」、アップ（フルアップ）とは、「炭酸等で満たす」という意味のカクテル用語。

・レモンは真正面よりやや左右どちらかにずらしたほうが見栄えが良い。

・ラベンダーシロップとドライハーブ（ローズペタル）を氷より先に入れることで、ドライハーブがシロップを
 吸って、浮き上がりにくくなる。

・氷が少ないとアイスクリームがしずんでしまうので注意。

Flower

・写真ではビオラ、ラベンダー、ローズペタル、お花の氷を使用。お花の氷の作り方は55ページに。

エルダーフラワークリームソーダ

お花と果実の香りでまるで果樹園にいるよう……。

Level ♕
___

材料

A | エルダーフラワーシロップ（モナン）……20ml
　| ピーチシロップ（モナン）……10ml
　| ブルーキュラソー（ノンアルコールのもの）……1tsp
　| レモン果汁……10ml

炭酸水……適量（グラスに合わせて）

氷……適量

スライスレモン……1枚

アイスクリーム……適量

B | ドライハーブ（カレンデュラ、カモミール）……適量
　| ローズマリー……適量
　| エディブルフラワー……適量

作り方

1　グラスにA、氷を入れ軽くステアする。

2　スライスレモンを断面が見えるように入れ、炭酸水でアップし軽くステアする。

3　アイスクリームをのせ、Bを飾りつける。

Memo

・炭酸水でアップするときは氷を避けて注ぐようにする（炭酸が抜けないようにするため）。

・tspとはティースプーンの略で、「バースプーンのスプーン1杯の量（約5ml）」を指すカクテル用語。

・ここでは生のローズマリーを使用。使う前にローズマリーを手で軽く叩くと香りが出る。

・グラデーションを楽しんだら、飲む前にかき混ぜてお召し上がりください。

Flower

・写真ではビオラ、カレンデュラ、カモミールを使用。

ローズトニック

ピンクソルトでライムとバラの香りをひきたたせて。

Level 🍸

材料

ローズシロップ（モナン）……20ml

トニックウォーター……適量（グラスに合わせて）

氷……適量

ローズソルト……適量

ライム……8分の1カット

ドライハーブ（ローズペタル）……適量

作り方

1 グラスの縁にライムの断面を沿わせて果汁をつける。平らな皿にローズソルトを出す。グラスを逆さにし、縁にローズソルトを回し付ける。

2 グラスに氷、ローズシロップを入れる。そこに 1 で使ったライムを搾り、搾った後のライムも入れる。

3 マドラーでよくステアする。

4 なるべく氷を避けて静かにトニックウォーターでアップしステアする。ドライハーブ（ローズペタル）で飾りつける。

Memo

・ライムを切るとき、中央の白い部分は切り落とす。

・ライムは搾り切らない（皮の苦味が出てしまうため）。

・ローズソルトの作り方は86ページに。

・アルコールを楽しみたい場合は、ウォッカ20〜30mlをローズシロップと一緒に入れる。

Flower

・飲み口にローズソルトがついているので、飲むときにバラの香りを楽しめる。

ジャスミンモクテル

みずみずしいライチと豊かなジャスミンの香り。

Level 🍵

材料

ジャスミンシロップ（モナン）……15ml
ライチシロップ（モナン）……15ml
グレープフルーツジュース
　　……適量（グラスに合わせて）
氷……適量
ブルーキュラソー……少々
エディブルフラワー……適量
ドライハーブ（コーンフラワー）
　　……適量

作り方

1　グラスに氷を入れ、ジャスミンシ
　　ロップ、ライチシロップを入れる。グ
　　レープフルーツジュースでアップしス
　　テアする。

2　バースプーンに沿わせてブルーキュラソーを
　　静かに注ぎ、底面に青色の層を作る。

3　エディブルフラワー、ドライハーブ（コーンフラワー）
　　で飾りつける。

Memo
・バースプーンがない場合、グラスの底までつくような長めのスプーンやマドラーで代用可。
・アルコールを楽しみたい場合は、ライチシロップではなく、ライチリキュールを使う。
・氷を多めに入れ、エディブルフラワーを立てかけられるようにする。

Flower
・写真ではビオラ、コーンフラワーを使用。ドリンクの色に合う色のエディブルフラワーを使うと良い。

もこもこミルクティー

贅沢にお花を使って、
自分へのごほうびティータイム。

Level ♨

材料 1杯分

紅茶ティーバッグ……2包

牛乳……100ml

熱湯……100ml

ホイップクリーム……適量

エディブルフラワー……適量

作り方

1 耐熱容器に牛乳を入れ電子レンジで1分（600Wの場合）温める（温めすぎに注意）。

2 紅茶ティーバッグをカップに入れ、100mlの熱湯を注ぎ小皿などで蓋をし、1分蒸らす。

3 ティーバッグを数回振り、取り出さずに1の牛乳を加え再び蓋をして約1分蒸らす。

4 仕上げにホイップクリームを高さが出るように絞り、その上にエディブルフラワーを飾る。

Memo

・ティーバッグ1包だと、味が薄くなるので2包使用する。

・ミルクティーに向いている茶葉は、アッサム、ウバ、ダージリンなど。

Flower

・写真ではビオラを使用。白のビオラを使い、ボルドーのビオラを際立たせた。ホイップクリームをのせているので、立体的に飾りやすい。

ブレンドハーブティー

透き通った青色が美しい。おもてなしの一杯に。

Level 🍵

材料 5杯分

A | ドライハーブ (バタフライピー) ……大さじ2
　 | ドライハーブ (ローズマリー、カモミール、ラベンダー)
　 | ……各大さじ1

水……1杯につき150mlから180ml

カットレモンまたはレモン果汁……適量 (お好みで)

作り方

1 Aをボウルに入れブレンドする。

2 ティーポットに1を入れる。1杯あたり大さじ1 (3g程度) として、人数分を入れる。

3 水を沸騰させる。しっかり沸騰したら火を止め、一呼吸置いたらティーポットに注ぐ (お湯の温度は98℃くらいが理想)。

4 注いだらすぐに蓋をして3分蒸らす。

5 温めておいたティーカップに注ぎ入れる。お好みでレモンを添える。

Memo

・ティーポットにハーブを入れたままにすると苦味や雑味が出るので、抽出後は茶漉し等で茶葉を取り出す。

・レモンを搾り入れると、色の変化を楽しめます (74ページのような色になります)。

Flower

・ビオラの押し花を浮かべて飲むのも◎。

・ドライハーブのバタフライピーから青い色が出る。オリジナルでブレンドティーを作るとき、色を青くしたい場合は必ず入れる。バタフライピーは香りが弱いので、香りが強い他のドライハーブとも相性が良い。お好みで分量を変えたりしてお楽しみください。

エディブルフラワーで
常備調味料作り

ふつうの調味料でも、エディブルフラワーを加えるだけで一味違うものに。
見た目や香りをお楽しみください。

フラワーバター

材料

有塩バター……200g

ナッツ（お好みのもの）……20g

ドライフルーツ（お好みのもの）……10g

ドライハーブ（コーンフラワー）……大さじ1

ローズシロップ（モナン）……大さじ1

ブラックペッパー……ひとつまみ

エディブルフラワー……適量

ハーブ（チャービル、ディルなど）……適量

下準備

・ナッツを砕き、ドライフルーツを刻んでおく。

・バターをボウルに入れ室温に戻す。

作り方

1 バターの入ったボウルにナッツ、ドライフルーツ、ドライハーブ（コーンフラワー）、ローズシロップ、ブラックペッパーを加えてゴムベラで混ぜる。

2 ナッツ、ドライフルーツ、ドライハーブがバター全体にいきわたったらラップで包み円柱状に成形し、冷蔵庫で30分ほど寝かせる。

3 2を冷蔵庫から出しラップを外して、エディブルフラワーやハーブを表面にはりつける（はりつかない場合は数分室温で放置する）。

Memo

・保存するときは、ラップで包み、冷蔵または冷凍で（花の色は褪色していく）。

・チャービルやディルは、パセリなどで代用可能。

・断面を撮影するのがおすすめ。バターがやわらかくなると綺麗な断面にならないので、カットする直前に冷蔵庫から出す。

Flower

・写真では、ビオラ、マリーゴールドを使用。生のエディブルフラワーだけでなく、押し花や、ドライハーブを使うこともできる。

ミル入りローズソルト

材料
ピンク岩塩（小粒のもの）……ミルの大きさに合わせて
ドライハーブ（ローズペタル）……適量

用意するもの
ミル（ソルト用）

作り方
1　ボウルにピンク岩塩とドライハーブ（ローズペタル）を
　　入れ混ぜる。ドライハーブが大きい場合は手でち
　　ぎる。

2　1をミルに入れる。

Memo
・80ページで紹介したローズトニックで使用している。
・バニラアイスにかけるだけでも、ぐっと高級感のある味に。

ラベンダーハニー

材料
はちみつ……お好きな量
ドライハーブ（ラベンダー）……適量

作り方
煮沸消毒した容器にはちみつとドライハーブ（ラベンダー）を入れて軽く混ぜる。

Memo
・写真のように、ヨーグルトにかけて食べるのがおすすめ。
・市販のはちみつの容器にそのままドライハーブ（ラベンダー）を追加して作ることもできる。

Flower
・ラベンダー以外にも、ドライハーブのローズペタルやローズマリーなどを入れるのもおすすめ。ラベンダーはすぐに香りがはちみつにつくが、ローズペタルやローズマリーの場合は数日つけこみ香りをしっかりつける。

Memo　エディブルフラワーリスト

本書のレシピや、私たちのお店でもよく使っている
代表的なエディブルフラワーをご紹介します。

アリッサム

正式な名称は、「スイートアリッサム」。地中海沿
岸原産の多年草。白、ピンク、パープル、イエロー
など様々な種類があり、癖のない味のため色々な
料理に使いやすい。

ビオラ

大きいものはパンジーと呼ばれているが、現在では
区別が困難になるほど品種が増えている。カラー
バリエーションも豊富で、小指の先ほどの大きさの
マイクロビオラや、フリル咲きや八重咲きの品種もあ
る。味の主張はないので、サラダやデザートなどで
他の食材の味を損なうことなく使える。

ベゴニア

中世フランスの総督ミシェル・ベゴ
ンにちなんで名付けられた。酸味が
あるのでサラダやスイーツのアクセン
トに。

カーネーション

母の日の象徴であるカーネーション
は、カラーが豊富で使いやすく食べ
やすい。ガクの部分は取り除いてか
ら食べると良い。クローブのような風
味があり、食物繊維が豊富。

マリーゴールド

マリーゴールドの「Marie」は聖母マ
リアに由来し、「黄金の花」を意味す
る。ビタミンA、カロテンが豊富。
中央の小花と、外側の花びらを使
い分けられるので、一輪で二度美
味しい。

キク

和名のキクは漢字の「菊」の音読
みで、日本には中国から伝わったと
されている。世界中で親しまれ、多
くの品種がある。シャキシャキとした
食感にほのかな香り。そのままサラ
ダに散らすと一気に華やかに。天ぷ
ら、おひたしなどに使われることも。

ナデシコ

秋の七草としても知られるナデシコは、ギザギザとした花びらが特徴的で、ガクにはほのかに苦味がある。「撫でたくなるほどかわいい子」ということから名前がつけられた。ピンク系の品種が多く、和風の料理にも洋風の料理にも合う。

ペンタス

かわいらしいペンタス。星に願いを込める意味合いから花言葉は「願い事」とされている。ブーケのようにまとめたり、バラバラに散らしたりと、料理によって使い分けられる。星形の小花が特徴。味は薄く、ほのかな甘みと爽やかな香りがある。

千日紅（センニチコウ）

花が長く咲き続けることから、「千日咲く花」という名前がつけられた。暑さに強く、真夏まで花を楽しむことができる。花びらは若いうちに食用として利用され、サラダやデザート、飲み物に使われる。

トレニア

熱帯地方で夏に花を咲かせる。湿気を好み、陰に強い特徴がある。小さな朝顔のようだが、夏すみれとも呼ばれる。かすかな苦味はあるが香りはほとんどなく、シャキシャキとした食感がある。

ペチュニア

温かいものの上に飾るとしおれやすいため、使う料理に注意。和名が「衝羽根朝顔」（ツクバネアサガオ）と呼ばれ、花びらが朝顔のように非常にやわらかい。

プリムラジュリアン

ラテン語の「primus」（最初の）に由来し、「初春に咲く花」という意味が込められている。その名の通り、早春に鮮やかな花を咲かせる。色が豊富でほのかに甘い香りがする。イエローは特に香りが強い。

ストック

古代ギリシャでは薬草として使われていた。日本には江戸時代に伝わり、和名は「紫羅欄花」（アラセイトウ）と呼ばれる。花の形が美しく、独特の芳香がある。肉厚で歯応えがあり、ややスパイシー。

バーベナ

桜に似た小花から「美女桜」という和名がつけられている。小さな花が集まって咲く様子から、花言葉は「一致団結」。ほんのりした甘みがあり、癖はない。ハートの形をした花びらが特徴。一輪ずつ外して使うのもおすすめ。

Memo　ドライハーブリスト

バタフライピー

別名｜アンチャン

抗酸化物質アントシアニンを含み、美容や健康維持に役立つ。鮮やかなブルーの色合いが特徴で、レモンなど酸性のものを入れると色が紫に変わる。穏やかな甘みがある。

コーンフラワー

別名｜矢車菊

リラックス効果があり、ストレス緩和や不眠症の改善に役立つ。穏やかでやや甘く、ほのかな青味も感じられる。

エルダーフラワー

風邪やインフルエンザの予防に役立ち、抗炎症作用が期待される。また、汗をかきやすくする働きがあり、解熱効果もある。シロップやジャム、リキュールなどにも加工される。軽やかで甘みがあり、ほのかにフルーティーな味わいが楽しめる。

カモミール

リラックス効果があり、不安やストレスの緩和に効果がある。また、消化促進や安眠効果が期待される。ハーブティーだけでなく、入浴剤やアロマオイルとして使用されることも。ほのかに甘くリラックス効果を高める香り。甘くて軽やかで、かすかにりんごのような風味がある。

エディブルフラワーを長持ちさせる方法

・キッチンペーパーをぬらして絞ったものをタッパーの底にしき、花びらの表が上になるように並べます（お花の表面をぬらすと傷みが早くなるので注意）。ビオラの場合、購入後すぐにカットされている面が水に浸かるように浮かべる（約10分間）と長持ちする。

・冷蔵庫の野菜室で保管してください。冷たくなりすぎると花に良くないので注意。送風口の近くも避ける。1日1回タッパーを開けて空気を入れ替えることで長持ちします。

サフラワー

別名｜紅花（べにばな）

抗酸化作用があり、血行促進や美容効果が期待される。また、生理痛の緩和にも役立つ。軽やかで穏やかな甘みがあり、苦味はほとんど感じられない。

ローズペタル

リラックス効果があり、心地よい香りと甘みが特徴。女性特有のトラブルの緩和にも役立つ。豊かで甘い花の香り。少しの苦味があるが、甘く芳醇で上品な風味が感じられる。

ラベンダー

リラックス効果があるため不安や緊張の緩和、また頭痛や不眠症の緩和にも効果がある。ハーブティーだけでなく、アロマセラピーにも使われる。強い芳香があり、穏やかでリラックス効果を高める香り。軽やかでほのかに甘く、苦味も感じられます。

カレンデュラ

抗炎症作用があり、免疫力向上や皮膚トラブルの緩和に役立つ。また、リラックス効果も期待される。ハーブティーだけでなく、薬用としても広く利用され、軟膏やオイルとしても使われる。花びらには苦味が感じられつつも、スパイシーでわずかに甘い味わいがある。

ドライハーブを長持ちさせる方法

・ジップロックなどの密閉できる袋に、乾燥剤とともに入れてください。湿気が入るとカビが生えたり、酸化して風味が落ちたりしてしまうので注意。

私たちがお世話になっている
花農家さんの紹介

EDIBLE GARDEN 運営会社：dot science（株）

販売方法　EC販売

HP　　　https://ediblegarden.flowers

TEL　　　03-4540-4271

食用バラ、ビオラなどのエディブルフラワー各種、ドライエディブルフラワー、エディブルフラワーの加工品などを扱っています。無農薬で品質の高いエディブルフラワーを、業務用と個人の方向けに販売。

加藤花園

販売方法　EC販売、またはJA湘南あふり〜な伊勢原店にて店頭販売

HP　　　https://katokaen.base.shop/

夏季はペンタス、ベゴニアなど、冬季はビオラ、アリッサム、プリムラジュリアンなどを扱っています。1981年に、「花いっぱい うるおい生活」をモットーに、創業。観て、食べて、楽しめる花を栽培しています。

---

hana × musubi

販売方法　EC販売

HP　　　https://store-tom.com/

TEL　　　0854-54-0577

ビオラ、バーベナ、クローバー、バラ、カーネーション、千日紅などの押し花を扱っています。縁結びの地である出雲大社のお膝元で、真心込めて作られた"食べられる押し花"を販売。乾燥しているため1年間の賞味期限があり使いやすいのが特徴です。

エディブルフラワーをもっと身近に、と作り始めた本でしたが、作り進めていく中で「食べられるお花を飾る」のは意外と単純ではなく、「センス」や「感覚」と呼ばれるものを紐解いていく作業が必要であることに気がつきました。

上質な材料を使っても、それを活かすことができず悔しい思いをした自分自身の体験も思い出しながら、大切なポイントを具体化させていく作業は、とても興味深く貴重な体験となりました。

今回「かんたんなお菓子」をメインにした訳は、なにかと忙しない日常の中で、ハードルを高く設定せず"ほんのちょっとだけ"を意識することが何に取り組むときでも大切だなぁ、と私たち自身が日々実感しているからでした。

特別な瞬間を彩るのは"花"だけではなく、大切なのは飾りつけを楽しむことのできるような"心の余白"なのかもしれません。

そして、人と人との関わりの中にこそ「特別な瞬間」は存在しているのだと感じます。

この本を通してまた、私たちも関わり合いの大切さを益々実感することができました。

この場を借りて感謝を伝えることができたらと思います。

様々な視点を持って適切に判断をしなければいけない場面で、常に冷静でありながらハートフルであり続けてくれた編集者の野本さん。

絶対にこの方の撮る写真じゃなければ！と惚れ込んで撮影をお願いし、写真だけでなく人柄にも惚れてしまったフォトグラファーの川上さん。

私たちのこだわりやワガママに丁寧に耳を傾けてくださったデザイナーの中村さん。

gmgm創業時から共に歩み、お菓子のレシピ開発以外にも頼りにさせてもらっている花本采伽ちゃん。

そして日々私たち夫婦を支えてくれる友人や家族、SNSを通して応援してくださる皆様、そしてこの本を手に取ってくださった方へ、この場を借りて、心からのお礼を申し上げます。

著者紹介 ─────

油井奈々
（ゆいなな）

群馬県生まれ。美容専門学校卒業後、自身の美容室を開業。美容師の傍ら、ドライフラワーのブーケやリースをインスタグラムに投稿していたことをきっかけに各方面から声がかかりドライフラワーアーティストとしても活動。

─────

ゆいだいき

埼玉県生まれ。ループステーション／自然音のサンプリングで風景を作り出す音楽家であり料理家。アルバム「BUS-BUS」(KADOKAWA)などを発売。足利まち映画「夢色の川」などで音楽監督を務める。

2012年に結婚し、17年、夫婦で東京・池袋にてHANABARを創業。19年、お花の焼きドーナツを扱うgmgmを創業、20年に株式会社kohotを立ち上げ、21年にはアンティークを扱うkukka herkkaを創業。現在は空間装飾なども行う。

HANABAR 花×酒
（ハナバー）

エディブルフラワーを使ったカクテルやクリームソーダを楽しめる、池袋のカフェバー。

gmgm 花×菓子
（グムグム）

押し花を使ってデコレーションした「お花の焼きドーナツ」が人気。
＊オンラインショップにて販売

kukka herkka
（クッカ　ヘレッカ）

本書のスタイリングでも使用した、花とアンティークをテーマにしたヴィンテージ雑貨や食器に出会える。
＊オンラインショップにて販売

かんたんなお菓子を特別に

はじめてのエディブルフラワー

2024年4月2日　初版発行

著者　油井奈々、ゆいだいき

発行者　山下直久

発行　株式会社KADOKAWA
　　　〒102-8177　東京都千代田区富士見2-13-3
　　　電話　0570-002-301（ナビダイヤル）

印刷・製本／図書印刷株式会社

撮影　川上輝明（bean）

デザイン　中村 妙

レシピ協力　花本采伽（菓子屋Present）

スタイリング　kukka herkka

©Nana Yui, Daiki Yui 2024　Printed in Japan
ISBN 978-4-04-114366-7　C0077